Texte: Petra Just
www.lesezeichnen.de
Bilder: Meinhard Bärmich
www.baermich.de
Gestaltung/Layout: Brigitte Duhra
www.duhra.de
Druck und Bindung: Regia Verlag Cottbus
ISBN 978-3-86929-220-5

Petra Just

GEDICHTE

FLOH im OHR

Meinhard Bärmich

BILDER

Muntere Beobachtungen am Morgen, köstliche Kuriositäten
am Mittag, ein betörender Birnenschnaps am Abend ...
und dazwischen passiert allerhand Gereimtes mit Hintersinn
und Ungereimtes in Form von frechen Illustrationen.
Nach der positiven Aufnahme des ersten Buches
„Schmetterling auf meiner Hand" bringt der REGIA Verlag
ein zweites Buch „Floh im Ohr" heraus.
Das gemeinsame Werk mit liebevollen Gedichten der Cottbuser
Autorin Petra Just und satirischen Bildern vom Cottbuser
Maler und Grafiker Meinhard Bärmich wurde wieder von
Brigitte Duhra typografisch-künstlerisch gestaltet.

Wir wünschen unseren Lesern für jede Jahreszeit und
Lebenslage das passende „Gedicht im Ohr".

Hoffnung

Der erste Winterling schaut durch den grauen Schnee.
Seine Blätter leuchten wie der grüne Klee.
Die gelben Blüten öffnen sich zur fahlen Sonne auf,
viele seiner Brüder warten schon darauf.
Seine kleinen Zwiebeln steckten schützend in der Erde,
in der Hoffnung, dass es bald Frühling werde.
Es wird ein Teppich voller Blütenpracht,
zu lange dauert schon die dunkle Erdennacht.
Fünf kalte Monde zogen durch das Jahr,
jetzt wird die Sonne wieder warm und klar.

Regenbogen

Regenbogen über dem Haus,
nach schwarzen Wolken
schaut die Sonne heraus.
Sie strahlt den Regen an mit buntem Licht,
wie es die Natur nur kann – Gleichgewicht.
Die nassen Tropfen spiegeln sich in
roten, gelben, grünen und blauen Farben.
Die Himmelsleiter hat meine Gedanken getragen.
Ich ging ein Stück mit ihr mit, bis ich wieder die Erde berührte
und kapriziös auf ihr stand – Wunderland.

Frühlingsanfang

Heute teilt sich der Tag mit der Nacht die Zeit.
Offiziell sind wir vom Winter befreit.
Nur das Wetter macht nicht was es soll,
die Vögel finden das auch nicht so toll.
Die Frösche verstecken sich noch unterm Laub,
meine Füße sind kalt
und die Finger sind taub.
Die Katze kommt nicht hinterm Ofen hervor,
und kein Frühlingslied dringt an mein Ohr.
Also mach ich mir heißen Tee,
bevor ich aus dem Hause geh'.

Auf dem Weg zum Osterfest

Die Hühner legen im Akkord
und sprechen dabei immerfort.
Der Hase kommt auf ihre Tenne
und klaut die Eier von der Henne.
Er malt sie nun ganz farbig an
es hängt viel Arbeitszeit daran.
In einen Korb aus Weidenruten
legt er die schönen und die guten.
Nun muss er zu den Kindern eilen
die Eier im Versteck verteilen,
denn Ostern ist ein Kinderfest.
Er selbst vernascht den letzten Rest.

Frühling

Wenn die Sonnenstrahlen stechen
Vögel um die Wette singen
möcht ich liebe Worte sprechen
dir ein Blumensträußchen bringen.
Wenn die Bäume um sich schlagen
Farben die Pupillen weiten
Frösche nach Insekten jagen
will ich über Wiesen reiten.
Wenn der See sich leis erwärmt
liebestoll die Katzen weinen
und vom Ast die Elster lärmt
wird der Samen wieder keimen.

Erdbeere

Rot und rund und klein
eingefangener Sonnenschein.
Fruchtig schöne Liebesbeere,
die ich ach doch so verehre.
Aromatischer Genuss
von der Natur ein Frühlingsgruß.
Pflücke von der Gartenpflanze
30 Stück davon und tanze.
Lege eins auf deine Lippen,
kann dann an denselben nippen.
Und der Rest, der übrig bleibt,
kommt auf den gebacknen Teig.
Fertig ist die Frühlingstorte
von der allerfeinsten Sorte.
Geht die Liebe durch den Magen
wird die Botschaft fortgetragen,
fliegt als sehnsuchtsvolle Lust
bis an deine breite Brust.

Die Amsel

Kaum ist der Morgen erwacht,
da hat die Amsel schon gelacht.
Sie pfeift den neuen Tag ans Licht,
meinen Wecker brauch ich nicht.
Ich lausche ihrem Frühlingsruf
den sie ganz von selbst erschuf,
denn niemand schrieb die Noten auf
sie kam auf alle selber drauf.
Ein Naturtalent wie sie,
kennt die schönste Melodie.
Jahr für Jahr im März
fasst sie sich ein Herz
und kostenlos für Jedermann
stimmt sie den hellsten Sopran an.

Traum

Mein Traum ein Baum zu sein,
schreib ich aufs Papier.
Harzige Rinde schützt meinen Kern.
Buntes Blätterkleid reicht bis zur Krone.
Die Wurzeln halten mich fest.
Ringe erzählen das Alter,
aber erst, wenn man mich fällt.

6. Juli

Heute ist der Tag des Kusses
Summe eines Hochgenusses.
Wen soll ich als erstes küssen?
Wer wird meinen Kuss vermissen?
Soll ich einen Mann verwöhnen,
könnt ich diesen Tag gleich krönen.
Wenn man süße Küsse nascht,
ist die Zunge überrascht.
Seine Lippen leckt er sich
und dann küsst er auch gleich mich.
Oh, sie schmecken so gesund,
landen auf dem roten Mund.
Auch die Seele tanzt im Kreis,
und im Körper wird es heiß.
Heute ist der Tag des Kusses
Summe allen Hochgenusses.

Weißer Sand

Eine kleine weiße Muschel voller Sand
spülte die Welle an den Ostseestrand.
Es grüßten sie viele Schwestern,
sie lagen dort nicht erst seit gestern.
Der Zahn der Zeit nagt sehr an ihnen.
Das Wasser wirft sie in die Dünen.
Die Steine drücken ihre Rücken,
sie brechen tausendfach in Stücke.
Aus ihnen wird der weiße Sand,
du findest ihn im Küstenland.

Vor der Ernte

Die Sonnenblume fächert mit ihrem Blatt
sich Frische zu, ihr Herz ist matt.
Die Finken und die Meisen
fliegen schon in Kreisen
um ihr reifes Haupt herum.
Sie singt nicht mehr, ihr Lied bleibt stumm.
In ihrem zweiten Leben
wird's goldgelbe Öle geben
oder im Vogelhaus
einen würzigen Kernen-Schmaus.
So hat Ihr Wachstum doch gelohnt,
sie hat sich dabei nie geschont.
Hat bei Hitze, Sturm und Regen
niemals aufgegeben.
Zum Dank wird sie nun porträtiert
und auf Bildern konserviert.

Floh im Ohr

Wer hat mir denn den Floh ins Ohr gesetzt,
der Empfang nach draußen ist besetzt.
Er singt mir im gemischten Chor
viele schöne Lieder vor.
Ich höre Pauken und Trompeten,
es platzt das Trommelfell aus allen Nähten.
Nun singt und brummt es in dem Schädel,
bin ich schon ein altes Mädel?
Oder sind es nur Visionen,
sollte ich selber was vertonen?
Ach, ich male lieber Schnecken,
die kann ich an den Fühlern necken.

Zwiebelchen

Kleines, zartes, rundes Knöllchen
steckst die Füßchen in den Sand.
Trinkst und wächst und zählst die Wölkchen,
deine Zeit wird dir nicht lang.
Käfer krabbeln auf den Beeten,
fliegen dir um deine Nase,
du platzt schon aus allen Nähten,
in jeder neuen Wachstumsphase.
Legst dir viele Schalen zu,
hüllst dich ein, wirst reif und reifer,
es lässt dir länger keine Ruh,
bis du alt bist und gescheiter.
Wer dich erntet und zerschneidet,
um das Fleisch damit zu würzen,
hat dich vorher erst entkleidet,
aus den Augen Tränen stürzen.
Du zwickst sie in ihren Bauch,
wenn sie dich dann doch verspeisen,
aus dem Körper kommt ein Hauch-
diesen Duft kann man nicht preisen.

Der Vogelbeerbaum

Im Vogelbeerbaum hängt ein Traumwunsch von mir,
ich lebe im Dorf mit Pferden und dir.
Weit weg sind die Sorgen und Ängste von gestern,
Schwalben füttern die Jungen in Nestern.
Ich habe Hefekuchen für uns gemacht
und die ganze Nacht gelacht,
danach bin ich aufgewacht.
Traum war Wunsch und Wunsch war Traum,
nun hängt er wieder im Vogelbeerbaum.

Treffer

Du bist mir sofort ins Auge gefallen.
Du bist der Einzige von allen.
Mit dir möcht´ ich durch Wiesen streifen,
Äpfel sehen, wie sie reifen.
Deine warmen Hände halten
und Windmühlen falten.
Will in deinen Armen liegen,
von dir viele Küsse kriegen.
Habe noch 100 Wünsche offen,
bin vor lauter Glück besoffen.

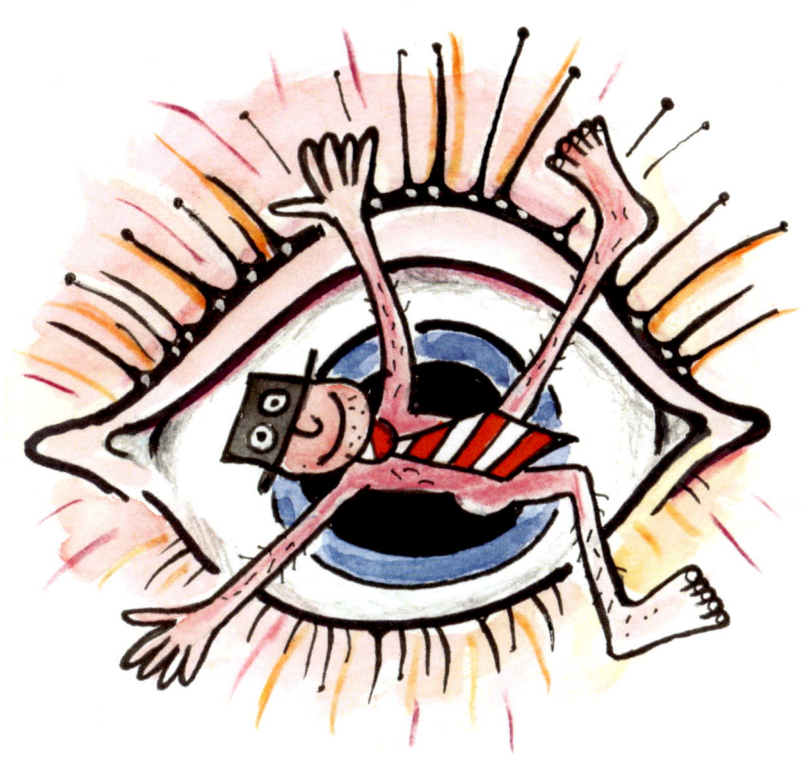

Die Birne

Apfel-, Kirsch- und Birnenbaum,
die Vitamine sind ein Traum.
Es braust ein starker Wind heran,
die Birne hat's ihm angetan.
Sie kann sich nicht am Aste halten,
es gelten höhere Gewalten.
Mit Wucht fällt sie auf ihren Rücken,
ich wollte sie vom Baume pflücken.
So liegt sie lange noch im Gras,
der Regen macht den Körper nass.
Ich heb sie auf und bring sie heim,
sie soll nicht so alleine sein.
In einem Fässchen reift ihr Saft
zu einem guten Birnenschnaps.

Grüner Wurm

Ein kleiner grüner Ringelwurm
kriecht gern auf seinen Sonnenturm.
Von dort springt er mit einem Satz
auf Rudis blauen Hosenlatz.
Dann schlängelt er sich durch den Stoff
und krabbelt bis zum Hosenknopf.
Die Öse hat ein kleines Loch,
da passt er durch und lächelt noch.
Schon fällt er in das Hosenbein
und kann nicht mehr alleine sein.
Ein dicker Wurm schnarcht in der Ecke.
Das Würmchen denkt, ob ich ihn wecke?
Es lässt es schließlich sein
und schleicht sich weg durchs andere Hosenbein.
Dem Rudi kommt das spanisch vor,
er kratzt sich an sein linkes Ohr.
Dann greift er nach dem Hosenmatz,
der pennt an seinem warmen Platz.
Und Rudi hatte schon gedacht,
der wär´ mal wieder aufgewacht.

Rezept

Der Arzt verschrieb mir 100 Küsse
und eine Tüte Haselnüsse,
damit ich wieder Nähe spüre
und meinen Liebsten gleich verführe.
Der Apotheker las das Schreiben
und konnt´ sein Lächeln nicht vermeiden.
Er will es auch gleich ausprobieren
und sich die Rezeptur notieren.
Die Küsse sind ein Elixier,
sie helfen ihm und nutzen ihr.
Die Nüsse wecken den Verstand,
man wird gesund - na Gott sei Dank.

Die Eiche

Ich war einmal eine der stattlichen Eichen,
wie viele meinesgleichen.
Hundert Jahre wuchs ich über mich hinaus,
dann kam der Schnitter welch ein Graus.
Jetzt steht von mir hier nur der Stumpf,
ohne Schuh und ohne Strumpf.
Doch meine Eichelkinder hab ich weit gestreut
und es bis heute nicht bereut.

Goldener Tag

Mit deinem goldigen Lächeln
machst du den goldenen Herbst zum Fest.
Die Goldammer ruft uns zu aus ihrem Nest.
Der Spitzahorn wirft großzügig Blattgold über uns-
es ist ein Tag voller, wunderbarer Kunst.
Die goldenen Sonnenstrahlen
lassen den frühen Abend ahnen.
Mit einem Strauß Goldrute gehen wir heim
und trinken dort noch ein Gläschen goldenen Wein.

Karriereleiter

Stufe für Stufe hinauf
Zeitenlauf
höher und schneller
Zeitenpreller
Aktien und Goldbarren
Reichtum scharren
Auto, Baum und Haus
immer geradeaus
Kunst und Kultur
wenig Muße nur
am Ziel angekommen
einsam gewonnen
Lebenszeit vergangen
nie Freundschaft angefangen
Reichtum und Ruhm erworben
Lebensfreude verdorben

Die Motte

Charlotte die Motte
flog aus einer alten Joppe in die Felsengrotte.
Hier ist es dunkel und nass
wie in einem Wasserfass.
Die Motte bekam einen Schock
und flüchtete unter einen Seidenrock.
Der Flieger wünschte sich aber zurück
in ein gemütliches Wollkleidungsstück.
Dort könnte er sich aalen
nach diesen Höhlenqualen.
Aber weit und breit kein Garn in Sicht,
die Motte macht ein trauriges Gesicht.
Sie fliegt schnell aus der Grotte raus
und baut sich ein Kokon als Haus.

Die letzte Rose

Die Rose ist zu Eis erstarrt,
sie ist nicht winterhart.
Sie blühte noch in kalter Nacht,
der Mond hat über sie gewacht.
Dann kam der Wind und brachte Frost,
die Blätter wurden braun wie Rost.
Nun sieht sie aus wie schönes Glas,
zwei Tränen machten sie noch nass.
Ein letzter Gruß der Sommerzeit,
es wird nun wieder kalt und schneit.

Oh Tanne Baum

Im kalten Schnee steht ein Tannenbaum
er hat einen warmen Sommertraum.
Ihn umschwärmen bunte Falter
und das in seinem Alter.
Er trägt eine blaue Nadel
er ist von Adel.
Doch heute hört er Sägen singen,
oh, was wird die Weihnacht für ihn bringen.

Mit Sternen schmückt man seine Krone,
ein Lied erklingt im Glocken-Tone.

Das Glockenkarussell

Ein buntes Holzgestell
mit blauer Farbe leuchtend hell.
Es dreht sich nur mit Fingern schnell.
Acht Bimmeln formte meine Hand,
sie läuten aus gebranntem Ton den Klang.
Mit Liebe angemalt, glasiert, vertont
ich hab mich bei der Arbeit nicht geschont.
Nun kauft ihr Leute euch ein Stück
verschenkt es für ein kleines Glück.
Ein wenig Freude soll es machen,
wer traurig war, der wird jetzt lachen.

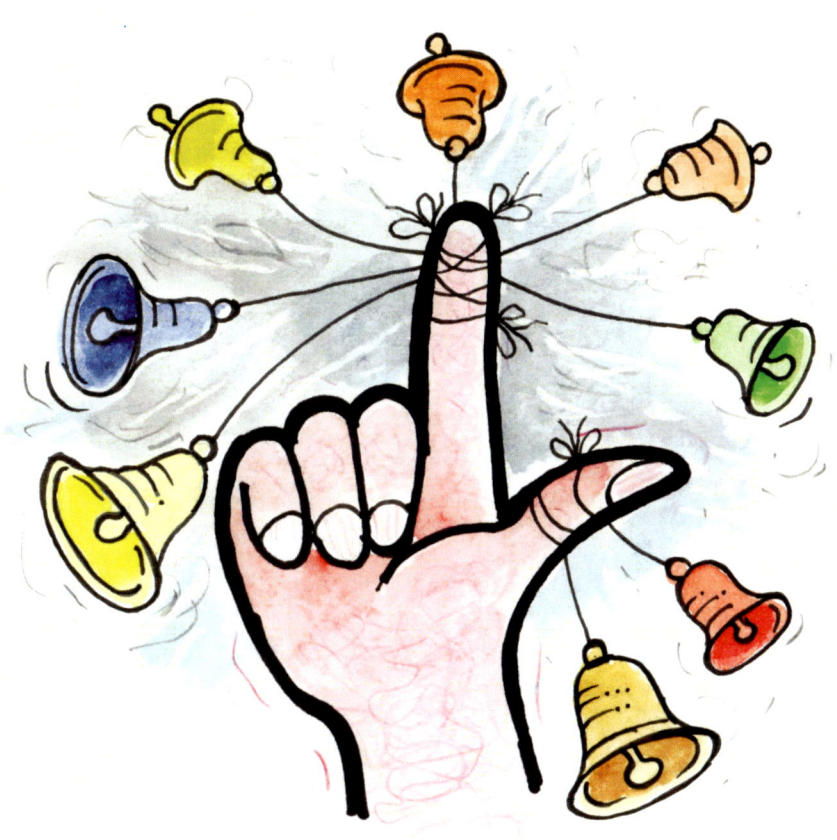

Weihnachten

Eine geschmückte grüne Tanne,
Glühwein in Omas alter Kanne,
fein gestrickte Socken,
viele neue Klamotten.
Süßes Naschwerk auf dem Teller,
Opa holt Rotwein aus dem Keller.
Der Gänsebraten duftet,
die Hausfrau schuftet,
es ist bald HEILIGE NACHT.
Die Kinder sitzen unterm Baum,
erfüllt von ihrem Wünsche Traum.
Bald sind die Geschenke ausgepackt,
und der Nussknacker knackt.
Das Radio spielt schöne Lieder -
nächstes Jahr kommt Weihnachten wieder.

Silvester

Frösche knallen, Luftschlangen fliegen,
Glücksschweine über Pechvögel siegen.
Rollmöpse grinsen säuerlich,
Bouletten schmecken bäuerlich.
Jemand wird über den grünen Klee gelobt,
ein Pärchen flotte Tänze probt.
Wein und Sekt fließen in Strömen,
Orchester spielt in tausend Tönen.
Das alte Jahr geht aus dem Haus
Marie küsst ihren lieben Klaus.